Ribbeck im Havelland

Claus-Dieter Steyer

Ribbeck im Havelland

Auf Fontanes Spuren

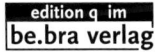

edition q im
be.bra verlag

Bibliografische Information der Deutschen Nationalbibliothek
Die Deutsche Nationalbibliothek verzeichnet diese Publikation in der Deutschen
Nationalbibliografie; detaillierte bibliografische Daten sind im Internet über
http://dnb.d-nb.de abrufbar.

© edition q im be.bra verlag GmbH
Berlin-Brandenburg, 2010
KulturBrauerei Haus S
Schönhauser Allee 37, 10435 Berlin
post@bebraverlag.de
Lektorat: Matthias Zimmermann, Berlin
Gesamtgestaltung: Uwe Friedrich, Berlin
Schrift: Warnock Pro 9/13 pt
Druck und Bindung: Dami Editorial & Printing Services
ISBN 978-3-86124-640-4

www.bebraverlag.de

Inhalt

Herr von Ribbeck auf Ribbeck im Havelland

Herr von Ribbeck auf Ribbeck im Havelland,
Ein Birnbaum in seinem Garten stand,
Und kam die goldene Herbsteszeit
Und die Birnen leuchteten weit und breit,
Da stopfte, wenn's Mittag vom Turme scholl,
Der von Ribbeck sich beide Taschen voll.
Und kam in Pantinen ein Junge daher,
So rief er: »Junge, wiste 'ne Beer?«
Und kam ein Mädel, so rief er: »Lütt Dirn,
Kumm man röwer, ick hebb 'ne Birn.«

So ging es viel Jahre, bis lobesam
Der von Ribbeck auf Ribbeck zu sterben kam.
Er fühlte sein Ende. 's war Herbsteszeit,
Wieder lachten die Birnen weit und breit;
Da sagte von Ribbeck: »Ich scheide nun ab.
Legt mir eine Birne mit ins Grab.«
Und drei Tage drauf, aus dem Doppeldachhaus,
Trugen von Ribbeck sie hinaus,
Alle Bauern und Büdner mit Feiergesicht
Sangen »Jesus meine Zuversicht«,
Und die Kinder klagten, das Herze schwer:
»He is dod nu. Wer giwt uns nu 'ne Beer?«

So klagten die Kinder. Das war nicht recht –
Ach, sie kannten den alten Ribbeck schlecht;
Der neue freilich, der knausert und spart,
Hält Park und Birnbaum strenge verwahrt.
Aber der alte, vorahnend schon
Und voll Mißtrauen gegen den eigenen Sohn,
Der wußte genau, was er damals tat,
Als um eine Birn' ins Grab er bat,
Und im dritten Jahr aus dem stillen Haus
Ein Birnbaumsprößling sproßt heraus.

Und die Jahre gehen wohl auf und ab,
Längst wölbt sich ein Birnbaum über dem Grab,
Und in der goldenen Herbsteszeit
Leuchtet's wieder weit und breit.
Und kommt ein Jung' übern Kirchhof her,
So flüstert's im Baume: »Wiste 'ne Beer?«
Und kommt ein Mädel, so flüstert's: »Lütt Dirn,
Kumm man röwer, ick gew' di 'ne Birn.«

So spendet Segen noch immer die Hand
Des von Ribbeck auf Ribbeck im Havelland.

THEODOR FONTANE, 1889

Fontane in Ribbeck

Dass sein Gedicht vom edlen Birnenspender einmal zu den liebsten der
Deutschen gehören würde, konnte Theodor Fontane nicht gewusst
haben. Dennoch gefiel auch ihm sein bis heute gerühmter Text über
den wundersamen Birnbaum von Ribbeck gleich von Beginn an. 1889
schrieb er an seinen Sohn Theodor über seine gerade fertig gestellte
Gedichtsammlung: »Das vielleicht Beste ist das am Schluss der preu-
ßisch-märkischen Balladen stehende Herr von Ribbeck auf Ribbeck im
Havelland.« Wenig später ließ er seinen Verleger Wilhelm Hertz in
einem Schreiben wissen: »Alles, was ich geschrieben, auch die Wanderungen einbegriffen, wird sich nicht weit ins nächste Jahrhundert hin-
einretten, aber von den ›Gedichten‹ wird manches bleiben.«

Viele junge und alte Leser stimmen seit mehr als 100 Jahren in dieses
Lob ein, auch wenn Schulkinder mitunter ob der Länge des Textes beim
Auswendiglernen stöhnen. Doch spätestens bei dieser Gelegenheit stel-
len sich zumeist Fragen nach dem Verfasser – und nach dem Havelland,
dem vielen noch unbekannten Schauplatz der Legende.

Mancher sieht im Ribbeck-Gedicht den wohl schönsten Ausdruck
der Zuneigung des »märkischen Goethe« zum Land rund um Berlin.
Immerhin gelang das Werk erst 1889 – im 70. Lebensjahr Fontanes und
nur ein Jahr nachdem er seine »Wanderungen durch die Mark Brandenburg« abgeschlossen hatte. Fontane steckte zu diesem Zeitpunkt
also noch voller Eindrücke, zumal ihm die Liebe zu Brandenburg ge-
wissermaßen in die Wiege gelegt worden war.

Theodor Fontane,
1883. Gemälde von
Carl Breitbach.

Am 30. Dezember 1819 erblickte er als Sohn eines Apothekers in Neuruppin das Licht der Welt, woran noch das Haus mit der Löwen-Apotheke in der heutigen Karl-Marx-Straße erinnert. Erst kurz vor der Geburt Theodors waren seine Eltern, Louis Henri und Emilie Fontane, von Berlin nach Neuruppin gezogen. Doch schon 1826 sah sich der Vater gezwungen, das Haus mit der Apotheke zu verkaufen, um Spielschulden zu begleichen und ein Jahr später übersiedelte die Familie nach Swinemünde. Den berühmtesten Botschafter des Havellandes zog es indes noch einige Male in seine Geburtsstadt zurück: So ging er von Ostern 1832 bis Herbst 1833 in das Gymnasium auf dem Schulplatz. Später weilte er zu Recherchen und Besuchen bei seiner Mutter, die ins Brandenburgische zurückgekehrt war und hier auch 1869 verstarb, noch mehrmals in der Stadt.

Zu dieser Zeit hatte der Sohn – vor allem aus der Not heraus – schon reichlich Erfahrungen als Apotheker, Dichter, Buchautor, Verfasser von politischen Artikeln, Korrespondent, Mitbegründer der Berliner Schriftstellervereine »Rütli« und »Ellora« und Redakteur gesammelt. Neben seinen beruflichen Misserfolgen hatte Fontane auch zahlreiche familiäre Schicksalsschläge verkraften müssen. Von insgesamt vier in den Jahren 1852 bis 1856 geborenen Söhnen überlebte nur der letzte, Theodor, das Säuglingsalter. Nachdem Fontane 1859 von einem mehrjährigen Aufenthalt in London und Schottland nach Berlin zurückkehrte, begann er schließlich mit der Arbeit an seinen literarischen Durchwanderungen der Mark. Bis heute sind sie in ihrer Mischung aus Geschichte, Reisebeschreibung und Episoden einmalig und erweisen sich selbst in unseren schnelllebigen Zeiten als vortreffliche Ratgeber für erlebnisreiche Ausflüge. Viele seiner detailreichen Beschreibungen von Kirchen, Schlössern, Klöstern, Landschaften und den Märkern können selbst 150 Jahre später noch überprüft werden. »Landschaftliches und Historisches, Sitten- und Charakterschilde-

rungen« wollte Fontane in den »Wanderungen« zusammenstellen und zog dafür keineswegs nur auf Schusters Rappen durch die Lande, sondern bestieg nicht selten eher eine Kutsche. Trotzdem glaubt man ihm aufs Wort, dass er, wenn er wanderte, seinen Weg meist spontan wählte: »Wie häufig ich das Ränzel abtun und den Wanderstab aus der Hand legen mag, um die Geschichte von Ort und Person erst zu hören und dann weiter zu erzählen, immer bin ich unterwegs, immer in Bewegung und am liebsten ohne vorgeschriebene Marschroute, ganz nach Lust und Laune.«

Auslöser für die – letztlich 30 Jahre währenden – Erkundungen Fontanes war indes kein Ausflug im märkischen Land. Im Vorwort zum ersten und im Schlusswort zum vierten Band erzählt er vielmehr von einer Fahrt mit einem Ruderboot im August 1858 in Schottland, die ihn tief beeindruckt hatte. Der Anblick eines alten schottischen

Der Anblick von Schloss Rheinsberg inspirierte Theodor Fontane zu seinen »Wanderungen durch die Mark Brandenburg«.

Schlosses auf einer Insel im *Loch Leven* hatte ihn dabei wehmütig an Schloss Rheinsberg in der »Heimat« denken lassen, das nicht »minder schön« als das schottische sei: »Je nun, so viel hat Mark Brandenburg auch. Geh' hin und zeig' es.«

Fontanes Resümee schmückt heute Reiseführer, Imagebroschüren und Politikerreden: »Ich bin die Mark durchzogen und habe sie reicher gefunden, als ich zu hoffen gewagt hatte. Jeder Fußbreit Erde belebte sich und gab Gestalten heraus (...), wohin das Auge fiel, alles trug den breiten historischen Stempel.«

Eines fällt jedoch auf: Während sich in seinen »Wanderungen« durchs Havelland Beschreibungen von Besuchen des Klosters Lehnin, des Schlosses Oranienburg und sogar der »lachenden Dörfer« Fahrland, Sacrow, Paretz, Wust, Caputh, Petzow und Werder finden, machte der Dichter einen großen Bogen um das Dorf Ribbeck.

Und doch taucht der Name Ribbeck im Havelland-Teil der Wanderbücher auf: bei der Schilderung der Kirche von Groß Glienicke, das erst seit 2003 zu Potsdam gehört. Wie viele Besucher stand Fontane dort nämlich reichlich erstaunt vor den »Epitaphien zweier Hans Georg von Ribbeck«; und er erklärte sogleich: Es waren »Vater und Sohn«. Im Bild des älteren Hans Georg (1601–1666) – »in Brustharnisch und Beinschienen, wie ein Derfflingerscher Reiterführer« – erkannte er sofort den Kriegsherrn. Dessen gleichnamiger Sohn (1639–1703) erschien ihm dagegen als »ein brandenburgischer Domherr, vielleicht auch – wenn ich das Bild richtig interpretiere – ein Mann der Wissenschaft«. Die beiden, so verschiedenen von Ribbecks, die Fontane derart bildlich beschrieb, waren aber schon nicht mehr im eigentlichen Stammsitz geborene Sprösslinge der Familie. Die – osthavelländischen – von Ribbecks erschienen laut Fontane 1572, als sich die Familie in zwei Linien teilte, in Groß Glienicke und blieben hier rund 200 Jahre, ehe sie ganz aus Brandenburg fortgingen.

*Hans-Georg
von Ribbeck,
1639–1703.*

Die Ribbecker
Gastwirtschaft
»Zum Birnbaum«
lag direkt an der
Chaussee von Berlin
nach Hamburg.

Nach Ribbeck kam der wandernde Dichter selbst höchstwahr-
scheinlich nicht, auch wenn spekuliert wird, dass er bei einer seiner
vielen Kutschfahrten ins Brandenburgische wenigstens einmal *durch*
den Ort gekommen sein könnte. Schließlich lag das Dorf an der damals
viel befahrenen Chaussee von Berlin nach Hamburg.

Dass er aber schließlich doch noch ein Gedicht über das Geschlecht
derer von Ribbeck schrieb, lag mit großer Wahrscheinlichkeit an zwei
Publikationen Ende der achtziger Jahre. 1887 hatte Karl Eduard Haase
sein Sammelwerk »Sagen aus der Grafschaft Ruppin« herausgegeben.
Darin findet sich eine Geschichte über den 1759 verstorbenen Hans-
Georg von Ribbeck, der gut zu den Bauern gewesen sei und mittags
den Dorfkindern Birnen geschenkt habe. Da dieser Gutsherr seinen
Sohn als recht knauserig einschätzte, soll er auf dem Sterbebett einen
letzten Wunsch geäußert haben: Man möge ihm eine Birne mit ins
Grab legen. Nach einiger Zeit wuchs aus dieser Frucht über der Fami-

liengruft tatsächlich ein Baum, der auch Früchte trug und sie durch ein Flüstern in den Zweigen den Kindern anbot. Dieselbe Geschichte druckte im Mai 1889 die brandenburgische Wochenschrift »Der Bär«. Nur wenig später, im Sommer 1889, verfasste Fontane seine Ballade, deren letzte Zeilen dem adligen Wohltäter ein wohl unvergessenes Denkmal setzen: »So spendet Segen noch immer die Hand / Des von Ribbeck auf Ribbeck im Havelland.«

Als im Jahre 2007 das Originalmanuskript wieder auftauchte, konnte man, ehe es für 130.000 Euro von einem Sammler ersteigert wurde, erstmals die schwierige Entstehungsgeschichte des Gedichts erahnen. Während die ersten Zeilen noch mit Tinte und Bleistift flüssig hintereinander geschrieben sind, häufen sich danach Korrekturen und Streichungen. Was heute kaum jemand wissen dürfte – in einer der früheren Fassungen besaß das Gedicht ein ganz anderes Ende: »In Segen steht der alte Stand / Des von Ribbeck auf Ribbeck im Havelland.«

Über 750 Jahre Familientradition im Havelland

Mit der Familie von Ribbeck verbindet sich nicht nur die Sage vom freigiebigen Birnbaum, sondern auch eine der ältesten Familiengeschichten der Mark Brandenburg. Schon in einer Urkunde aus dem Jahr 1237 wird ein Heinrich von Ribbeck, Priester und Domherr in der Havelstadt Brandenburg, erwähnt. Von da an tauchten Vertreter der Familie immer wieder auf Dokumenten rund um das Havelland auf – jenes Gebiet, das sie über Jahrhunderte prägen sollten. Vom Dorf Ribbeck selbst, das wohl im Laufe des 13. Jahrhunderts entstanden ist, gibt zum ersten Mal ein Schriftstück von 1354 Auskunft. Dass in der Zwischenzeit die von Ribbecks ihren Besitz eifrig vermehrt hatten, beweist das 1375 entstandene Landbuch Kaiser Karls IV., das die Existenz des Adelsgeschlechts sowohl im westhavelländischen Ribbeck als auch im Osthavelland vermerkt. Ihnen gehörte damals auch ein großes Gut im zu jener Zeit noch von Potsdam unabhängigen Bornstedt, woran bis heute die zum bekannten Krongut führende Ribbeckstraße erinnert. In Ribbeck selbst besaßen die drei Brüder Tile, Klaus und Henning von Ribbeck einen Ritterhof und die Pfarrhufe, was bedeutete, dass ihnen das kirchliche Patronat des Dorfes gehörte, das die von Ribbecks auch bis 1945 behielten.

Obwohl der Familie im Laufe des 15. Jahrhunderts immer mehr Ländereien zufielen und es ihr bis zum Beginn des 16. Jahrhundert gelungen war, alle Besitzungen des Ortes in ihre Hand zu bringen, konnten sie zu dieser Zeit nicht als wirklich wohlhabend gelten. Das lag

Ribbeck im Havelland, 1839.

nicht zuletzt daran, dass auch die Familie immer größer wurde. So lebten um 1513 neben vier Brüdern noch drei weitere Vettern derer von Ribbeck im Dorf, die sich den Besitz teilten.

Anfang des 16. Jahrhunderts kam es – mit den beiden Brüdern Georg (1523–1593) und Christoph (1524 – vor 1600) – schließlich zur Spaltung der Familie in eine ost- und eine westhavelländische Linie. Beide Zweige führten von da an das gleiche Wappen, wobei sie die Grundfarbe voneinander unterschied: Gold für das Osthavelland, Silber für das Westhavelland mit Ribbeck. Im preußischen Adels-Lexikon von 1837 findet sich folgende Beschreibung: »Die von Ribbeck führen im silbernen Schilde einen rothgekleideten Rumpf, vorn zugeknöpft mit herabhängenden Aermeln. Er ist bärtig, trägt eine spitzige rothe, zur Linken sich kehrende, mit Knopf, Quaste und zwei fliegenden Bändern, auch mit einem silbernen Aufschlage versehene Mütze. Das hervorragende Seidenhaar ist gekräuselt. Aus dem bewulsteten Helme wächst ein silberner Hirsch. Die Helmdecken sind silbern und roth.« Während der jüngere Bruder in Ribbeck blieb, wählte der ältere, Georg von Ribbeck, einen gänzlich anderen, wenn auch zu dieser Zeit nicht unüblichen Lebensweg: das Militär. Insgesamt 25 Jahre lang kämpfte er an der Seite verschiedener Herren auf den Schlachtfeldern Europas. Im Krieg gegen die Türken von den Osmanen gefangen genommen, »übel gehalten« und erst gegen ein Lösegeld wieder freigekommen, zog er später auch in den Schmalkaldischen und den spanisch-französischen Krieg (1556–1559). Als Georg um 1567 mit Mitte Vierzig nach Brandenburg zurückkehrte, machte sein früherer Dienstherr, Kurfürst Joachim II., ihn zum Hofmarschall, sodass er sich dank der daran geknüpften Einkünfte in Groß Glienicke niederlassen und eine Familie gründen konnte. Binnen kürzester Zeit sogar zum Johanniterritter geschlagen und zum Hauptmann von Spandau ernannt, heiratete Georg von Ribbeck mit 54 Jahren auf einem pompösen Fest mit – für damalige Verhältnisse sagenhaften – 120 Gästen die 32 Jahre jüngere Witwe Anna von Sparr. Der 1577 in der noch unvollendeten Zitadelle von Spandau als erstes von sechs Kindern geborene Hans Georg von Ribbeck setzte die Familientradition fort: Sein ebenfalls kriegerischer Lebenswandel ist an dem erwähnten Epitaph der Groß Glienicker Kirche abzulesen, anhand dessen Fontane ihn später als »Derfflingerscher Reiterführer« beschrieb. Der bis auf den heutigen Tag in der Familie vererbte Vorname Hans Georg geht auf den damals regierenden Kurfürsten, Johann (Hans) Georg, zurück, der als Taufpate auftrat. Nicht zuletzt daran ist zu erkennen, wie rasant die Familie aufgestiegen war. Obwohl Georg von Ribbeck, als er 1593 starb, seinem Sohn mit den Gütern in Dyrotz und Hoppenrade und den Neuerwerbungen in Groß Glienicke (1572) und Seegefeld (1590) einen ansehnlichen Besitz hinterließ, hatte die osthavelländische Linie ihren Höhepunkt an Ruhm und Bedeutung mit dem Gründer bereits erreicht.

Das Portal des 1624 erbauten Ribbeck-Hauses, das heute als das älteste Wohnhaus Berlins gilt. Zeichnung 1905.

Unter den sieben nachfolgenden erstgeborenen Hans Georg von Ribbecks ereilte sie das Schicksal vieler märkischer Adelsfamilien: Nachdem im Laufe der Zeit und infolge der Belastungen von Kriegen und Wirtschaftskrisen immer größere Schulden auf ihre Ländereien gehäuft worden waren, mussten die Ribbeckschen Besitzungen bis 1838 nach und nach verkauft werden. Die Familie kehrte dem Brandenburgischen endgültig den Rücken und wurde in Süddeutschland ansässig.

Ganz anders erging es dem in Ribbeck verbliebenen – westhavelländischen – Zweig. Nach dem Weggang des militärischen Weltenbummlers Georg übernahm der 1524 geborene Christoph die verbliebenen Stammgüter von seinem Vater und vergrößerte sie im Laufe seines Lebens durch den zielstrebigen Kauf von Ackerflächen. Sein Sohn Adam Christoph (vor 1600–1639), der ihm als Herr von Ribbeck nachfolgte, konnte den Besitz jedoch nicht weiter vermehren. Auch wenn der Dreißigjährige Krieg (1618–1648) im etwas abseits gelegenen

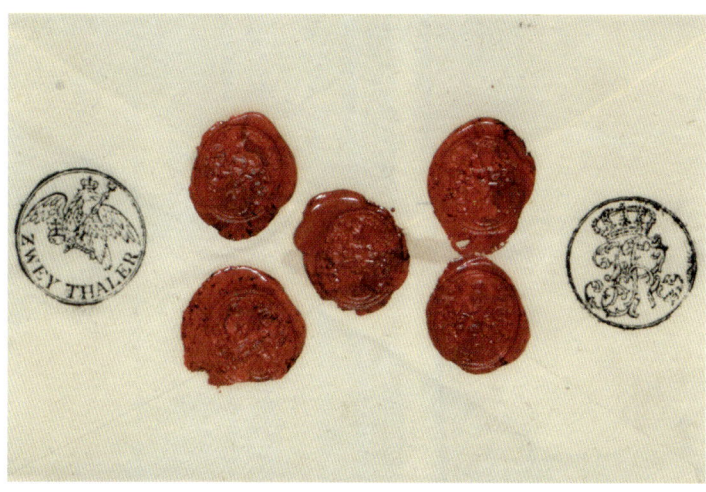

Ribbeck kaum Schäden anrichtete, schmälerten die sinkenden Getreidepreise das Einkommen der Familie derart, dass die Güter zunehmend mit Schulden beladen wurden.

Das Wappen derer von Ribbeck auf dem Siegel eines Briefes, 1775.

Erst unter Erdmann Otto von Ribbeck (1639–1689), der an der Viadrina in Frankfurt (Oder) studierte, gelang es, die Ribbeckschen Ländereien zu entschulden und auf den Erbherrn zu vereinen.

Der Kontakt zu den in Groß Glienicke ansässigen Verwandten war inzwischen stark abgekühlt, weshalb man dort bald darauf behauptete, dass die »von Ribbeck zu Ribbeck (…) von unserm Geschlechte gantz Separiert sind«. Dennoch ging auch Erdmann Otto dazu über, der westhavelländischen Tradition entsprechend den männlichen Nachkommen den Namen des Markgrafen mitzugeben. Doch schon zehn Monate nach der Geburt von Hans-Georg I. von Ribbeck, auf den Fontanes berühmte Birnbaumballade zurückgeht, verstarb dessen Vater. Der spätere Gutsherr wuchs bei seiner Mutter und seiner 23 Jahre

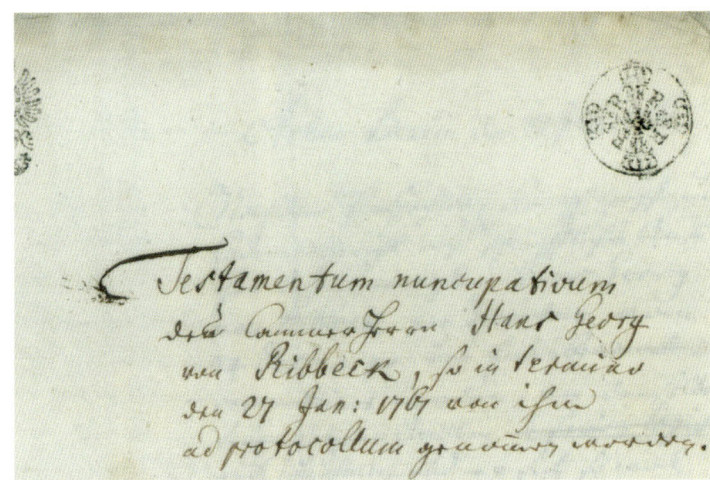

Das Testament von Hans-Georg von Ribbeck, 1761.

älteren Schwester auf. In seine glückliche Herrschaft fiel die von König Friedrich Wilhelm I. durchgesetzte Entwässerung des Havelländischen Luchs, wodurch sich der Grundbesitz derer von Ribbeck – vor allem um Weideland – weiter vergrößert haben dürfte.

Im Unterschied zu den osthavelländischen Verwandten, die mehrere Kinder durch Epidemien verloren und unter den Verwüstungen des Dreißigjährigen Krieges gelitten hatten und auch danach eine schwierige wirtschaftliche Lage verkraften mussten, ging es der Linie im westlichen Havelland gut. Noch 1913 konnte man im Havelländischen Heimatkalender lesen, dass die Herren von Ribbeck – »fest im heimatlichen Boden wurzelnd – durch die Jahrhunderte hindurch bis auf den heutigen Tag ihrer Väter Erbe treu sich zu erhalten gewußt« hätten. Tatsächlich bestand Ribbeck um 1800 aus zwei Gütern, zehneinhalb Bauernhöfen und 25 Lehnhöfen; es verfügte über eine Windmühle, einen Dorfkrug und ein Förster wachte über 7.400 Morgen Holz.

1819 übernahm Hans Georg Karl Friedrich Ernst von Ribbeck (1799–1882) das Gut und ließ zwischen 1821 und 1826 jenes erste Herrenhaus errichten, das Fontane wegen seines Knüppelwalmdaches als Doppeldachhaus bezeichnete.

Da sein Sohn Hans Georg Karl Werner (1828–1861) starb, ohne selbst Familienoberhaupt geworden zu sein, vermachte er seinem Sohn Hans Georg Henning (1856–1896) den gesamten Grundbesitz. Obwohl auch er nur 40 Jahre alt wurde, fallen in seine Zeit sehr dramatische Ereignisse. 1893 brannte das Herrenhaus teilweise ab, auf dessen Grundmauern Henning das Schloss in seiner jetzigen Form errichten ließ. Die Freude über den prachtvollen Neubau, den er selbst nur um drei Jahre überlebte, wurde jedoch durch den Tod von drei seiner neun Kinder getrübt, die alle noch 1893 an Diphterie verstarben. Ihre Grabsteine befinden sich auf dem Familienfriedhof im Ort. Seinem verbliebenen Sohn Hans Georg Karl Anton (1880–1945) gelang es zunächst, den Reichtum weiter zu vermehren, bevor sich nach dem Ersten Weltkrieg die Lage auch in Ribbeck verschlechterte. Das tragischste Familienkapitel begann jedoch erst mit der Machtergreifung der Nationalsozialisten 1933. Von diesem Jahr an übernahm der älteste Sohn Karl Antons, Hans Georg Friedrich Henning von Ribbeck (1907–1993), die Leitung der Ländereien. Als er aber 1943 genau wie seine zwei Brüder zum Wehrdienst eingezogen wurde, setzte sich sein Vater wieder an die Spitze der Gutsverwaltung. Er musste allerdings mit seiner Ehefrau noch im selben Jahr das Schloss verlassen und mit dem eher schmucklosen Inspektorenhaus Vorlieb nehmen. Die Räume im Herrenhaus beanspruchte der Stab der Luftwaffeneinheit »von Richthofen« mit Sitz in Staaken.

Auch wenn Hans Georg Karl Anton von Ribbeck sich nie dem aktiven Widerstand anschloss, stand er den neuen Machthabern von Beginn an abweisend gegenüber – und machte daraus nie einen Hehl. Wohl deshalb wurde er schon 1934 im Zuge des sogenannten Röhm-Putsches erstmalig festgenommen und kam als Oppositioneller nur durch die Fürsprache des Reichspräsidenten Paul von Hindenburg wieder frei. Die Ereignisse hatten ihn aber keineswegs mürbe gemacht, sondern in seiner Ablehnung der Nazis noch gestärkt. Dabei verhielt er sich in seiner Gegnerschaft zu Hitler »manchmal undiplomatisch, auch provozierend witzig«, wovon die Familienchronik zu berichten weiß. So malte er in Anwesenheit von hochrangigen Parteiangehörigen mit seinem Spazierstock gern Schweine mit großen Ohren in den märkischen Sand.

Eines Tages komplimentierte er mit deutlichen Worten sogar Wehrmachtoffiziere aus dem Schloss hinaus: Sie hatten im Rahmen einer Geldsammlung zugunsten des Geburtstages Adolf Hitlers einen »unangemessenen Nachschlag« eingefordert – und sich nicht einmal für die 14 Tage zuvor bezahlte erste Rate bedankt, wie der Gutsherr

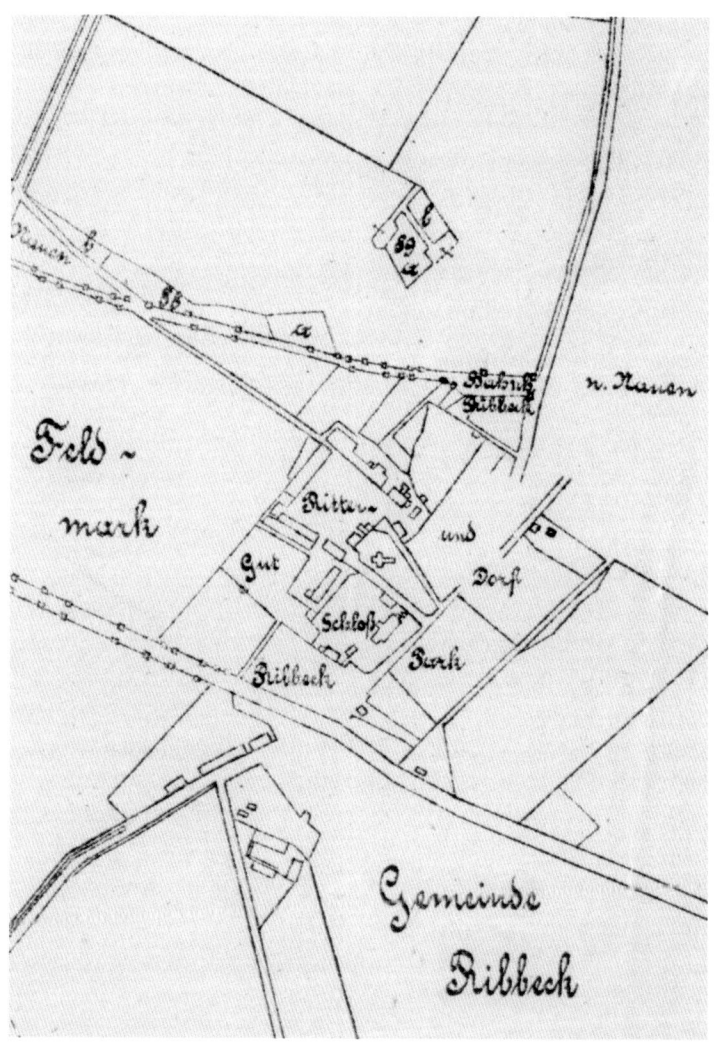

*Das Rittergut Ribbeck,
Planausschnitt von
1907.*

beklagte. Er soll auch einen geheimen Sender betrieben und mit dem Feind korrespondiert, den »Deutschen Gruß« strikt abgelehnt und Hitler einen Halunken genannt haben. Das jedenfalls behauptete die Gestapo, als sie ihn im Mai 1944 erneut festnahm.

Ein anderer Auslöser für die Verhaftung war ein Zwischenfall auf einem Ribbeckschen Feld, von dem heute eine Tafel am Gedenkstein für Hans Georg Karl Anton von Ribbeck auf dem Familienfriedhof berichtet. Im Mai 1944 eilten viele Dorfbewohner zur Absturzstelle eines englischen Kampfbombers. Der damals 64-jährige Gutsherr sorgte sich um das aufkeimende Getreide und ermahnte einen abgestellten Wehrmachtoffizier und eine »Kriegerfrau« sehr energisch an ihre Pflicht, die Schaulustigen am Zertrampeln des Feldes zu hindern. Kurz darauf wurde er verhaftet und von der Gestapo in das Konzentrationslager Sachsenhausen gebracht. Das letzte Lebenszeichen erhielt die Familie im Januar 1945, er selbst kehrte nicht zurück.

Dabei hatte er auch im KZ seinen aufrechten Stolz behalten. So empfand er das Verbot, im KZ einen Gürtel zu tragen, als derart entwürdigend, dass er sich vor seinen Kindern schämte und sie bat, ihn nicht zu besuchen. Nach der Verhaftung wurde das Eigentum unter staatliche Verwaltung gestellt, wodurch die Familie, allen voran die Gutsherrin Marie Agnes von Ribbeck, jeglichen Einfluss auf ihre Besitzungen in Ribbeck und Bagow verlor. Hans Georg Friedrich Henning von Ribbeck konnte noch in den letzten Kriegstagen 1945 seine Wehrmachteinheit verlassen und sich auf das väterliche Gut retten. Ein Versuch, mit der Familie weiter in Richtung Westen zu fliehen, endete aber schon an der Havel. Die kurzzeitige Abwesenheit der Bewohner und das allgemeine Chaos hatten indes Plünderungen im Schloss und im Inspektorenhaus begünstigt, wobei sämtliche Möbel verlorengingen.

Das Kriegsende und die Niederlage der Nazis führten im Osten Deutschlands zu einer Entmachtung der Großgrundbesitzer. »Boden-

reform«, lautete das Schlagwort jener Tage. Jeglicher Besitz über 100 Hektar wurde unter dem Vorwand, Kriegsverbrecher und aktive NSDAP-Mitglieder bestrafen zu wollen, konfisziert und unter den ortsansässigen oder neu hinzugezogenen landlosen Bauern verteilt. Damit kamen die neuen Machthaber vor allem den Millionen von Flüchtlingen aus den ehemaligen deutschen Ostgebieten entgegen.

In Ribbeck wurden Marie Agnes von Ribbeck und ihrem Sohn im Sommer 1945 als anerkannten Opfern des Faschismus aus ihrem ehemaligen Eigentum eine sogenannte Neusiedlerstelle mit 25 Hektar Land und Wald sowie ein Haus zugeteilt. Doch schon zwei Jahre später ereilte sie ein Befehl der Sowjetischen Militäradministration, den Ort innerhalb von 24 Stunden für immer zu verlassen. Wie viele ehemalige Gutsbesitzer, deren Wurzeln man endgültig kappen wollte, verloren sie sämtliches Hab und Gut und wurden aus Ribbeck ausgewiesen. Über Nacht flüchtete die Familie nach West-Berlin und von dort weiter nach

Der Gedenkstein für den in Sachsenhausen ums Leben gekommenen letzten Herrn zu Ribbeck, Hans Georg Karl Anton von Ribbeck.

Süddeutschland. Ihr Land – 667 Hektar – wurde an 44 neue Eigentümer verteilt. Auch die 351 Hektar Wald gingen an bis dahin mittellose Bauern und in die Verfügungsgewalt von Gemeinden. Wenig später begann der mehr oder minder freiwillige Zusammenschluss der Bauern in der 1949 gegründeten DDR zu Landwirtschaftlichen Produktionsgenossenschaften (LPG). In Ribbeck erhielt sie den Namen »Vereinte Kraft«.

Nach der 1990 vollzogenen deutschen Wiedervereinigung gab es zahlreiche Versuche, die während der Bodenreform getroffenen Entscheidungen rückgängig zu machen. Schließlich enthielt der Einigungsvertrag den folgenreichen Passus »Rückgabe vor Entschädigung«. Doch davon profitierten in erster Linie jene Grundstücks- und Hauseigentümer, die aus der DDR in die Bundesrepublik geflüchtet waren. Sie oder ihre Erben erhielten die sogenannten »Westgrundstücke« zurück. Die zahlreichen Opfer der Bodenreform aber gingen wie in Ribbeck leer aus.

Lediglich in den Fällen einer »doppelten Enteignung« vor und nach 1945 konnten die Betroffenen oder ihre Erben die Grundstücke und Immobilien wieder für sich beanspruchen. Das betraf in Brandenburg die Familie von Hardenberg im Dorf Neuhardenberg am Rande des Oderbruchs. Carl Hans von Hardenberg hatte zum weiten Kreis der Verschwörer des Attentats auf Adolf Hitler am 20. Juli 1944 gehört. Auf dem Schloss Neuhardenberg waren mehrfach die Köpfe des militärischen Widerstandes um Claus Schenk Graf von Stauffenberg zusammengekommen. Nach dem gescheiterten Umsturzversuch war von Hardenberg im Konzentrationslager Sachsenhausen inhaftiert worden, das er aber dank der Hilfe eines kommunistischen Pflegers überlebte.

Da auch die Bodenreform nach Kriegsende die Enteignung der Nazis bestätigt hatte, erhielt die Familie von Hardenberg 1996 ihr Schloss und die Ländereien zurück.

Angesichts dieses Beispiels hegte auch die Familie von Ribbeck die Hoffnung, ihr Vermögen zurückzuerhalten. Tatsächlich hatte das Brandenburgische Landesamt zur Regelung offener Vermögensfragen im Jahre 1994 sogar die Rückgabe der Güter in Ribbeck und Bagow vorgeschlagen. Allerdings erhob der Landkreis Havelland Einspruch und verlangte einen schriftlichen Nachweis darüber, dass die von Ribbecks 1944 durch die Nazis enteignet worden waren. Da die Familie diesen nicht beschaffen konnte, kam es zu mehreren Gerichtsverfahren, ehe Ende 1999 eine befriedigende Lösung gefunden wurde. In einem vor dem Potsdamer Verwaltungsgericht geschlossenen Vergleich verzichteten die früheren Gutsbesitzer auf die Rückgabe nach dem NS-Verfolgten-Entschädigungsgesetz. Im Gegenzug gewährte man ihnen eine Entschädigung nach dem Einheitswert von 1935.

Friedrich-Carl von Ribbeck, der 1939 als Enkel des später ermordeten Hans Georg Karl Anton von Ribbeck im Dorf geboren wurde,

Der Friedhof der Familie von Ribbeck, 2009.

Friedrich-Carl von Ribbeck, 2009.

spricht von einem »Achtungserfolg«. So habe sich wenigstens die Möglichkeit ergeben, die mehr als 600-jährige Geschichte der Familie im Ort fortzusetzen. Er ließ 1998 den alten Kutschpferdestall gegenüber dem Schloss abreißen und ein neues Wohnhaus mit einem Doppeldach errichten – so wie Theodor Fontane einst das erste Herrenhaus beschrieben hatte. Außerdem übernahm von Ribbeck die Brennerei für die Herstellung von Birnenessig.

Längst sind die anfänglichen Ressentiments im Dorf gegen die Rückkehr des Adligen verstummt. Heute möchte niemand auf die Mitwirkung des alten von Ribbeck verzichten. Er gehört zum Dorf, als wäre er nie abwesend gewesen. Die Heimkehr an den Ort seiner Geburt hat Friedrich-Carl von Ribbeck auch zu Fontane zurückgeführt, dessen Gedicht »Havelland« ihn begleitet haben mag: »Und Gruß dir, wo die Wiege stand, / Geliebte Heimat, Havelland!«

*Die Alte Brennerei
wird heute wieder –
wie früher – durch
einen von Ribbeck
geführt.*

»Irgendwie schwebt der Fontane immer drüber« – Das Schloss von Ribbeck

Das Schloss Ribbeck zählt nicht nur zu den am schönsten restaurierten seiner Art, es fällt unter den rund 2.000 Brandenburger Schlössern und Herrenhäusern auch aufgrund seines Eigentümers aus dem Rahmen. Im Grundbuch steht keine Stiftung, keine Hotelkette, keine Privatperson und auch keine Schlösser-GmbH. Ribbeck gehört dem Landkreis Havelland, wenn auch etwas wider Willen. Denn jahrelang hatte er gegen eine Rückgabe des alten Familiensitzes an die Erben des letzten Gutsherrn prozessiert und schließlich gewonnen. Doch die anschließende Suche nach einem privaten Käufer scheiterte, sodass letztlich der Kreis selbst zwischen 2006 und 2009 insgesamt 5,6 Millionen Euro für die Renovierung aufbringen musste.

Die Geschichte des Schlosses, wie es heute noch besteht, begann eigentlich erst 1893. In diesem Jahr brannte das alte Herrenhaus, das an derselben Stelle stand, ab, sodass ein Neubau nötig wurde. Ausgerechnet in Theodor Fontanes Birnbaumballade spielt der Vorgänger des heutigen Gebäudes durchaus eine wichtige Rolle. Im zweiten Vers über den 1759 verstorbenen Gutsherrn heißt es: »Und drei Tage drauf, aus dem Doppeldachhaus, / trugen von Ribbeck sie hinaus.« Doch was meinte er damit? 1895 – sechs Jahre nach dem erstmaligen Erscheinen des Gedichts – erklärte der wandernde Dichter in einem Brief einem neugierigen Frager, was man sich unter einem solchen Gebäude vorzustellen habe: »Ein Doppeldachhaus ist ein Haus, dessen Dach einen Knick im stumpfen Winkel hat.«

Das Schloss Ribbeck, vor 1900.

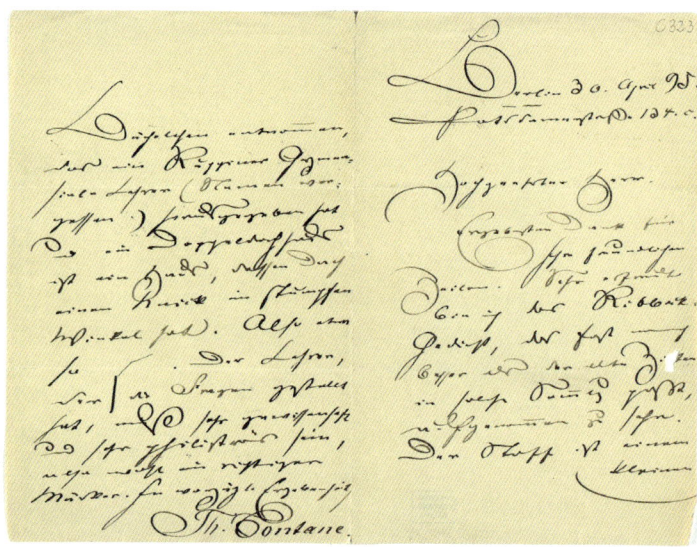

In einem Brief von 1895 erklärte Fontane sein berühmtes »Doppeldachhaus« – mit einer Skizze.

Das erst nach Erscheinen des Gedichts erbaute Schloss konnte er damit also auf keinen Fall gemeint haben. Aber auch zu Zeiten des in der Ballade verewigten »Herrn von Ribbeck auf Ribbeck im Havelland« gab es dort kein Doppeldachhaus. Tatsächlich wurde das klassizistische, eingeschossige Gutshaus erst zwischen 1821 und 1826 errichtet. Zwar erinnert am Südgipfel des heutigen Hauses die Jahreszahl 1822 in goldenen Ziffern an den angeblichen Baubeginn. Andere Unterlagen datieren den Baustart aber um ein Jahr vor. Auf jeden Fall feierte die Familie ihren Einzug in ihr »massives Wohnhaus« 1826. Fontane hatte sich also das zu seiner Zeit bestehende Haus der Ribbecks zum Vorbild genommen. Die einzigen erhaltenen Abbildungen zeigen einen einfachen, aber ansehnlichen Landbau mit einer dreiteiligen Glastür, die auf eine Veranda und in einen großen Garten mit einem Gewässer führt.

Nach dem Brand von 1893 ließ Hans Georg Henning von Ribbeck auf den Grundmauern des alten Hauses einen Neubau errichten, der zwar erheblich größer, aber dennoch feingliedrig ausfiel. So wurde das Gebäude um ein Geschoss erhöht, abgeschlossen durch ein Mansarddach mit großen Fenstern und geschwungenen Giebeln. Im zum Garten ausgerichteten Giebelfeld war bis nach 1945 das Wappen der Familie in Stuck ausgeführt, ehe es bei Putzarbeiten abfiel. Über dem Eingangsvorbau erhob sich ein Balkon, auf den man im ersten Stock treten konnte und der den Blick auf den Park freigab. Im Innern gab es im Erdgeschoss eine große Halle, wo sich der größte Teil des gemeinsamen gesellschaftlichen Lebens abspielte. Oben standen für die Familienmitglieder zahlreiche Salons zur Verfügung, wobei die des Gutsherrn und seiner Frau zum Park, die der Kinder zur Straße hin-

Das erste – von Fontane »besungene« – Herrenhaus in Ribbeck, vor 1860.

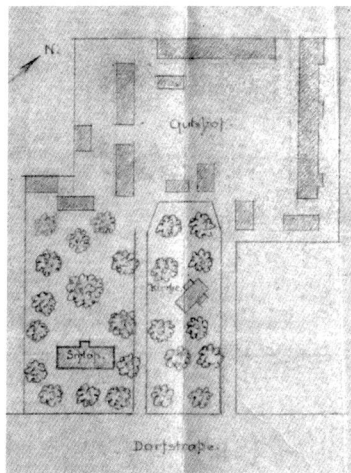

ausgingen. Außerdem befanden sich dort ein Billardtisch und ein Flügel.

Die damalige Aufteilung des Gutes ist trotz zahlreicher Umbauten heute noch klar nachvollziehbar. Während das Herrenhaus mit dem Park den östlichen Abschluss bildete, gab es vor der Auffahrt zum Portal einen Reitplatz, der wiederum vom Familienfriedhof und der Remise – an deren Stelle inzwischen das Wohnhaus von Friedrich-Carl von Ribbeck zu finden ist – begrenzt wurde. Nördlich der Remise befand sich das ehemalige Inspektorenhaus. Die Kirche, die in der Mitte des Dorfes stand, verband das Herrenhaus mit dem Rest des Gutes, das sich nördlich mit der Brennerei, dem Kuhstall und der Scheune anschloss.

Vom Park ist nur wenig bekannt. Die Darstellung des ersten Herrenhauses zeigt ein weitläufiges Gelände an dessen Ostseite, das von einem Gewässer mit einer malerischen Brücke durchzogen ist.

Schloss von Ribbeck

Offensichtlich setzte sich der Park jenseits der Dorfstraße fort, denn Otto Max von Ribbeck, ein Spross der osthavelländischen Linie, beschrieb ihn noch 1902 als Garten »mit herrlichen alten Bäumen und sehr wohlgepflegt, leider aber kein zusammenhängender Park, sondern nur einzelne Stücke«.

Ihre schöne Residenz, die später sogar schon mit einer Zentralheizung und einer elektrischen Wasserpumpe ausgestattet war, bot den Ribbecks jedoch nur 50 Jahre lang ein Zuhause. Spätestens mit der Inbeschlagnahme des Hauses durch die Nazis 1943 musste die Familie in das Inspektorenhaus ausweichen.

Die größte Zäsur setzte auch in der Geschichte des Schlosses das Ende des Zweiten Weltkriegs. Nachdem Soldaten der Roten Armee das Gebäude 1945 kurzzeitig besetzt hatten, wurde es geplündert, als Notunterkunft für Flüchtlinge verwendet und seit 1946 mehrfach umgebaut. Doch das war nicht alles, wie ein Gutachten von 1947 offenbart:

Das neue, 1893 gebaute Schloss derer von Ribbeck, 1910.

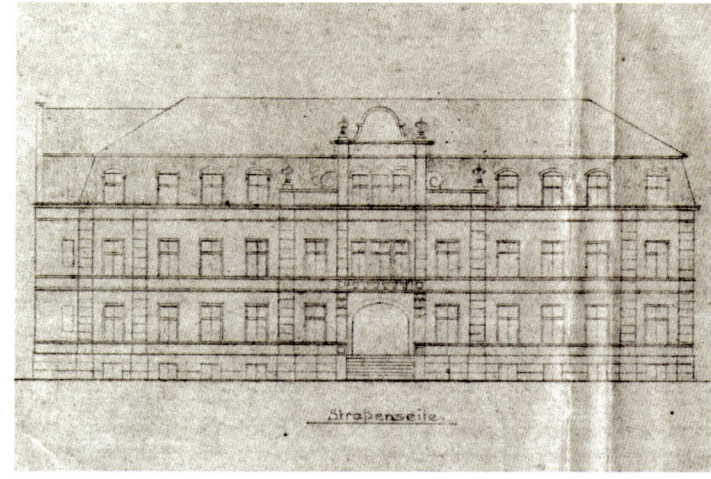

*Zeichnung der
Schlossfront, 1947.*

»Das Gebäude wird teilweise von Flüchtlingen bewohnt und teilweise als Sammelspeicher für Getreide benutzt. Die Gemeinde beabsichtigt es als Gemeindehaus einzurichten und darin die Bürgermeisterei, ein Altersheim, ein Jugendheim, Gemeinschaftsräume für Versammlungen und gegebenenfalls Wohnungen für Flüchtlinge unterzubringen.«

Als 1954 endgültig die Entscheidung getroffen wurde, das Gebäude in ein Altenpflegeheim umzuwandeln, war klar, dass dies enorme Umbauten bedeutete. Schließlich mussten nun in dem Haus, das ursprünglich nur für eine einzige Familie konzipiert worden war, zahlreiche ältere Menschen untergebracht werden. Zwischenwände, neue Treppen und Fenster sowie Heizungsanlage, Toiletten und Waschräume veränderten den Grundriss drastisch. Auch äußerlich verlor das Gebäude sein harmonisches Gesicht. Die nördliche Giebelseite erhielt in den siebziger Jahren einen hässlichen Betonanbau für den Fahrstuhl, der wirkte, als wäre er in das Schloss hineingeschoben worden. Auf dieser

*Die Giebelseite des
Schlosses, um 1920.*

Seite hatten die Architekten schon zwanzig Jahre zuvor einen Anbau
für Toiletten errichten lassen.

Der Bericht eines Mitarbeiters der Denkmalpflege von 1955 kann
als typisch für den damaligen Umgang mit der historischen Bausubs-
tanz gelten: »Das Schloß Ribbeck ist in seiner heutigen Erscheinung ein
Bau aus der 2. Hälfte des 19. Jahrhunderts und hat infolgedessen keine
kunstgeschichtliche Bedeutung.« Wenig später stellte das Institut für
Denkmalpflege in einem heute im Schlossmuseum dokumentierten
Reisebericht fest: »Die im Vorentwurf von uns genehmigten Verände-
rungen führten dazu, dass einige Giebel schon abgebaut sind, ein wei-
terer noch abgebaut werden soll.« Die historische Gestalt des Hauses
wollte man dabei ganz offensichtlich nicht erhalten: »Es wird kaum
nötig und möglich sein, eine Rekonstruktion durchzuführen, zumal der
hierfür erforderliche Aufwand meines Erachtens nicht verantwortet
werden kann.«

So versanken Dorf und Schloss in einen Dornröschenschlaf. Der auf Fontanes Spuren wandelnde Autor Georg Lentz fasste Anfang der neunziger Jahren die große Stille rückblickend treffend zusammen: »Das Dorf liegt an der B 5, in früheren DDR-Zeiten Transit-Route zwischen Berlin und Hamburg. Im Vorbeifahren sahen die Reisenden das Ribbecksche Schloß, einen eierschalenfarbenen Kasten unweit der Kreuzung Fern- und Leninstraße. Anhalten war nicht erlaubt, und ohnehin galt die Aufmerksamkeit den in Einfahrten und raffinierten Verstecken lauernden Vopos, die großzügig Strafzettel verteilten, zu begleichen in westlicher Währung.«

So verwundert es kaum, dass erste Besucher aus dem Westen nach der Wende ziemlich ratlos durch Ribbeck auf der Suche nach Anknüpfungspunkten für das Birnbaum-Gedicht irrten: »Das Schloss ist verkommen, dient seit den 50er Jahren als Pflegeheim für alte Menschen. Eine Giebelfront wurde durch den Anbau eines Fahrstuhls verschan-

delt, und von dem ehemals herrlichen alten Garten bekommt man nur einen vagen Eindruck«, notierte eine verblüffte Reporterin des Senders Freies Berlin (SFB) Ende 1990.

Heute weist nur noch ein einziges Relikt auf die Zeit des Pflegeheims hin. Im Aufgang zur ersten Etage hängt ein dreifarbiges, überdimensionales Sgraffito aus dem Jahre 1956, das Fontanes Birnenballade aus einem besonderen Blickwinkel zeigt. Das aus drei übereinander liegenden und unterschiedlich gefärbten Putzschichten herausgekratzte Bild verdreht die Geschichte über den großzügig seine Früchte verteilenden Gutsherrn fast ins Gegenteil. Denn auf dem zweigeteilten Werk beschenkt – unter der Jahreszahl 1750 – der »Herr von Ribbeck auf Ribbeck im Havelland« nicht etwa die Kinder mit Birnen. Vielmehr will er sich diese selbst einverleiben, während eine Frau und ein Kind scheinbar vergeblich um eine Frucht betteln. Im zweiten – mit 1956 überschriebenen – Teil des Sgraffitos sind dagegen die Kinder des

Ortes die wohltätigen Spender, die artig einer älteren und von einer Krankenschwester betreuten Frau die Birnen überreichen. Über dem Schloss wehen bunte Bänder einer Erntekrone im Wind.

Der 1907 geborene Künstler Hans Schindler, immerhin stellvertretender Direktor der Fachhochschule für Angewandte Kunst in Potsdam, hatte sich hier offenbar an der ihm aufgetragenen Aufgabe versucht, die nach Kriegsende enteigneten und vertriebenen Gutsherren im Nachhinein verächtlich darzustellen und gleichzeitig ein idealisiertes Bild vom neuen Dorfleben zu zeichnen. Heute spricht so ein Werk über die Anfangszeit der DDR Bände und ist selbst ein wichtiges Zeitdokument.

Dabei mutet seine Existenz auch viele Jahre nach dem Untergang der ostdeutschen Republik wie ein kleines Wunder an. Schließlich fielen anderswo solche Darstellungen entweder gleich in den ersten Wochen nach dem Mauerfall buchstäblich in sich zusammen oder ver-

schwanden im nachfolgenden Vandalismus. Ribbeck aber machte dank seiner etwas ungewöhnlichen Geschichte eine Ausnahme. Das Altenpflegeheim überstand die Wende 1989/90 nahezu ohne Veränderung. Zum Auszug der alten Menschen aus dem Schloss im Jahre 2004 führten jedoch keineswegs Forderungen des Denkmalschutzes, sondern allein die unhaltbaren Zustände im Pflegeheim. Doch erst ein Neubau im nicht weit entfernten Friesack ermöglichte eine wirkliche Verbesserung der Betreuung.

Für das Schloss begann in der Folge eine Hängepartie. Der Landkreis Havelland suchte auf Immobilienmessen und mit Anzeigen im In- und Ausland nach einem Käufer. Es fanden sich durchaus zahlreiche Interessenten, die sich nicht zuletzt durch den Mythos des Fontane-Gedichts angezogen fühlten. Doch die meisten von ihnen machten nach einer ersten Begutachtung der maroden Gemäuer auf dem Absatz kehrt. So blieb dem Landkreis, der so heftig gegen den Rückgabean-

Das Gründerzeitzimmer im Schloss – hier hätte Fontane sitzen können.

spruch der von Ribbecks gekämpft hatte, keine andere Wahl: Er musste das alte Schloss auf eigene Rechnung zum Schmuckstück machen.

Die beiden Architektinnen Heidrun Fleege und Ute Oeser, denen die Aufgabe in die Hände gelegt wurde, standen dabei nach eigener Aussage vor einer Gratwanderung. »Das Schloss ist ja eigentlich ein Herrenhaus, das repräsentativ hergerichtet wurde. Wir haben auch versucht, etwas Repräsentatives zu schaffen ohne zu historisieren«, meinte Heidrun Fleege. Dabei mussten sie mitunter wie Detektive vorgehen. Die Formen der ursprünglichen Fenster und Sprossen konnten beispielsweise nur anhand von alten Fotos rekonstruiert werden.

Doch das Ergebnis kann sich sehen lassen. So gibt es im ersten Geschoss ein Trauzimmer mit Wänden in Altrosa, einen Konferenzraum mit blauer Tapete, einen für Konzerte geeigneten Salon mit 150 Plätzen sowie im Erdgeschoss ein mintgrünes Kaminzimmer und den ganz in Weinrot gehaltenen Gastraum des Schlossrestaurants. Im Dachgeschoss liegen die zweifellos einzigartigen Büroräume des Havelländischen Tourismusverbandes und des Kreisbauernverbandes.

Im Erdgeschoss hat der Besucher inzwischen die Wahl zwischen einem Restaurant und dem Museum über die Geschichte von Ribbeck und seinem Adelsgeschlecht, die Frühgeschichte des Westhavellandes und Theodor Fontane. Um das dem Dichter gewidmete Zimmer mit historischem Mobiliar ausstatten zu können, hatte der Landkreis 2005 dazu aufgerufen, auf Dachböden und in Kellern nach alten Möbeln zu suchen – mit Erfolg. Eine ausgestellte Familientruhe der von Ribbecks stammt sogar aus dem Jahre 1692. Tatsächlich »schwebt der Fontane immer drüber«, sagte die zweite Architektin Ute Oeser zur Gestaltung des Schlosses. Und das nicht nur metaphorisch: Durch alle Räume des Museums zieht sich, an der Decke in feiner Schrift ausgeführt, die Ballade vom Birnbaum. Entstanden ist ein »kulturtouristisches Leuchtturmprojekt«, wie Sonja Hermann, die Chefin der Schloss Ribbeck

GmbH, stolz behauptete, in dem »Fontane die Besucher an die Hand nimmt«.

Das Schloss in neuem Glanz, 2009.

Mit dem, was aus dem gutsherrlichen Schloss geworden ist, sind inzwischen alle hochzufrieden: »Das Schloss ist schön wie nie«, bekannte auch der Enkel des letzten Gutsherrn, Friedrich-Carl von Ribbeck, im Juli 2009. »So wie es heute hier steht, war es vielleicht zu seiner Eröffnung 1893.«

Eine Kirche mit Wunderbaum

Auf Fotos oder Gemälden stellt die Kirche von Ribbeck keine Beson-
derheit dar. Das von einem Turm mit einer Barockgaube geschmückte
Gotteshaus könnte in vielen Orten des Havellandes stehen. Höchstens
der glatte Putz vor den Feld- und Backsteinen kommt bei anderen
Dorfkirchen nicht sehr häufig vor. Doch diese Verschönerungsarbeiten
stammen genau wie die Turmgaube und die stattlichen Bogenfester aus
dem 18. Jahrhundert, als man erstmals größere Umbauten vornahm,
wie die Jahreszahl 1722 auf der Wetterfahne verrät. Die später hinzuge-
fügte Zahl 1996 erinnert an die umfangreiche Sanierung des Gebäudes
nach der Wende, die nicht zuletzt durch die Spenden zahlreicher Touristen möglich geworden war.

Wahrscheinlich gab es in Ribbeck schon im 14. Jahrhundert eine
Kirche. Darauf lassen nicht nur einige mittelalterliche Weihekreuze
schließen, die gefunden wurden, sondern ebenso der Umstand, dass für
den Bau neben Back- auch Feldsteine verwendet wurden. Von der einst
barocken Ausstattung der Kirche zeugen heute nur noch die Taufschale
mit dem Motiv der Versuchung Adam und Evas im Paradies aus der
ersten Hälfte des 17. Jahrhunderts und der Torso eines Taufengels, der
ursprünglich von der Decke hing, inzwischen aber im Kirchenraum
aufgestellt ist.

1887 wurde das Haus erneut vergrößert, wobei das Kirchenschiff
um sechs Meter nach Osten verlängert und mit der Apsis rund
geschlossen wurde. Damals entstand auch der südliche Anbau für die

*Die Ribbecker Dorf-
kirche, um 1900.*

Familiengruft derer von Ribbeck, die sich ursprünglich im Kirchenraum selbst befunden hatte. Sie ist heute nur noch in Ausnahmefällen zugänglich. Die Decke im Kircheninnern erhielt in jener Zeit eine Ausmalung mit blauen Rechtecken, um den Anschein einer wertvollen Kassettendecke zu erwecken. Das kleine, mit einer Glasmalerei geschmückte Apsisfenster stiftete um 1900 der damalige Pfarrer Karl Boelcke.

Zwar erlitt die Kirche auch während des Zweiten Weltkriegs leichte Beschädigungen, Ursache für den schlechten Zustand des Gebäudes in den folgenden Jahrzehnten war aber vielmehr die Vernachlässigung zu DDR-Zeiten. Es fehlte bald das Geld für einfachste Reparaturen, was nicht zuletzt an der zurückgehenden Mitgliederzahl der Kirchengemeinde lag. Schon 1976 sprach das Kirchliche Bauamt nur noch von einer Ruine und da es bereits durch das Dach regnete, schien ein Abriss unvermeidlich. Glücklicherweise fand der Einspruch des Gemein-

dekirchenrates Ende der siebziger Jahre gegen diese Pläne Gehör. Erste, notdürftige Reparaturen sollten die Kirche wenigstens teilweise retten: Das Dach wurde abgedichtet, dafür mussten Orgel und Empore weichen. An ihrer Stelle zogen Bauleute eine Trennwand ein, damit ein kleinerer Kirchenraum beheizbar wurde. Auch das von Holzwürmern zerfressene Gestühl musste gewechselt werden. Lediglich die hölzerne Kanzel blieb von der Ausstattung aus dem 19. Jahrhundert erhalten.

Heute hat sich die Kirche wieder zu einem kleinen Schmuckstück entwickelt, in dem sich Besucher gleich auf Anhieb wohl fühlen. Das liegt nicht allein am frischen Kuchen, der in einem recht ungewöhnlichen kleinen Café unterm Kirchendach angeboten wird. Im Vorraum erzählen Fotos vom katastrophalen Zustand des Gebäudes vor der Wende und vom beachtlichen Aufbauwerk in den vergangenen Jahren.

Der Innenraum der Kirche, nach 1918.

Das Innere der Kirche erstrahlt heute wieder in altem Glanz.

Vor allem der erst im Jahre 2009 nach 34-jährigem Wirken in den Ruhestand verabschiedete Pfarrer Frank-Norbert Möhring hat sich um das heutige Ribbeck-Bild verdient gemacht. Er selbst betonte, dass viele Hände das Werk vollbracht haben: »Ich habe das Geld für das Schloss nicht aufgebracht, und ich habe daran auch nicht gearbeitet. Aber ich freue mich darüber, dass es so aussieht und so genutzt werden kann. Wenn die Kirchengemeinde daran einen Anteil hat, dann den, dass wir in der schwierigen Zeit unsere Kirche, unser Gotteshaus, nicht aufgegeben haben und damit den Namen Ribbeck für Besucher und Touristen interessant gemacht haben.«

Natürlich spielt für die touristische Bedeutung der Kirche die Legende vom wundersamen Birnenbaum und dem freigiebigen Gutsherrn die wichtigste Rolle. Auf dem Weg in die Etage über dem Kirchen-Café kommen Besucher an einem wahren Schatz vorbei: dem Stumpf des am 20. Februar 1911 in einem Sturm abgebrochenen, origi-

nalen Baumes. Im 18. Jahrhundert gepflanzt, hatte er ohne Schaden zu nehmen fünf bis sechs Generationen in Ribbeck überdauert und stets seine Birnen gegeben. Laut der Überlieferung soll er aus der Gruft, die sich damals noch an der Kirche befand, emporgewachsen sein. Der 1759 verstorbene Hans-Georg von Ribbeck, auf den Fontanes Gedicht zurückgeht, hatte seinen Sohn als letzten Wunsch um eine Birne in sein Grab gebeten, um dafür zu sorgen, dass die Kinder des Dorfes auch nach seinem Tod noch Birnen bekämen. Drei Jahre später geschah demnach das kleine Wunder – über der Ruhestätte wuchs tatsächlich ein Birnbaum.

Die Kirche in Ribbeck, 2009.

Bis zu einer stürmischen Nacht im Jahre 1911. Beim Betrachten des Malheurs stellten die Einwohner fest, dass ihr geliebter Baum innen völlig verfault war. Nur einige armstarke Efeustämme hatten ihn noch zusammengehalten. Karl Boelcke, der Pfarrer der Kirche, hatte indes eine eigene Theorie über den Verfall des Baumes und schmiedete sie in

Der Stumpf des berühmten Birnbaumes steht heute in der Ribbecker Kirche über der Familiengruft.

folgende Verse: »Geschlechte auf Geschlecht in Ribbeck verging, / der Birnbaum wurde alt, die Birne gering, / ja voller bitterer Bitternis, / daß kein Kind mehr gern in die Kobben biß …«

Gerüchten zufolge sollen französische Kriegsgefangene im Ersten Weltkrieg aus dem Stamm »Holzteller und Kitschfiguren« gebastelt haben. Andere Versionen berichten davon, dass der damalige Gutsherr den dicksten Teil des Baumes zu einem Aschenbecher umarbeiten ließ.

Erst vor einigen Jahren fand der wohl berühmteste Baumstumpf Brandenburgs seinen Platz in der Kirche und damit in Nachbarschaft des originalen Standortes. Bis 1945 stand er in der großen Halle des Schlosses, ehe er in den Wirren der Nachkriegszeit spurlos verschwand. Er tauchte später in der direkt an der Fernstraße gelegenen Ausflugsgaststätte »Zum Birnbaum« wieder auf, wo er unter der Obhut der Wirtin Gertrud Wilke stand, die ihn so über die Zeit rettete. Als das

In der Gaststätte »Zum Birnbaum« überdauerte der Baumstumpf die DDR-Zeit.

Gasthaus Mitte der neunziger Jahre endgültig seine Türen schloss, nahm sich Renate Gräfin von Stolberg, geborene von Ribbeck, des guten Stückes an und übergab es der Kirchengemeinde.

Mit den Birnbäumen, die den geknickten Balladenbaum ersetzen sollten, hatten die Ribbecker lange Zeit kein Glück. Das 1912 gepflanzte Exemplar überstand immerhin zwei Kriege, ehe es in einem kalten Nachkriegswinter offenbar der Säge zum Opfer fiel. In den siebziger Jahren pflanzten Unbekannte zwar einen neuen Baum neben der Gruft, aber die Hoffnungen auf eine Legenden nährende, reiche Ernte erfüllten sich nicht. »Fünf harte Koddelbirnen«, so erzählten sich die Dorfbewohner, waren die maximale Ausbeute eines Jahres. Vor allem die nach der Wende ins Dorf strömenden Touristen waren für den »Krummling« nicht zu begeistern. Doch es dauerte bis zum Jahr 2000, ehe ein 20-jähriger Stamm in die Erde kam. Dieser entwickelte sich prächtig und dürfte inzwischen der am häufigsten fotografierte Birnbaum weltweit sein.

Ausgewachsen ist der neue Baum noch nicht, aber Birnen spendet er schon.

»Ob rote Ziegel, ob steinernes Grau,
Du verklärst es, Havel, in deinem Blau.«
– Ein Dorf auf Fontanes Spuren

Der vielseitige Charme des kleinen Ribbeck erschließt sich dem Besucher oft erst auf den zweiten Blick. Aufmerksam hört er die Legenden von den Birnen, den Herren von Ribbeck auf Ribbeck im Havelland und wandelt vom Schloss zur Kirche und seinem Birnbaum. Doch spätestens danach bemerkt er, dass der Ort noch mehr Perlen auf seiner Kette hat. Vor allem aber hat Ribbeck die Chance beim Schopfe gepackt, sich im Ganzen als Ort des einst jedem Schulkind bekannten Birnbaumgedichts zu präsentieren.

Auch deshalb wächst seit Ende 2008 hinter dem Schloss buchstäblich ein Birnengarten der deutschen Bundesländer. Die Idee geht auf den Journalisten und Schriftsteller Werner Bader zurück, der damit Ribbeck wieder ins Bewusstsein der breiten Öffentlichkeit rücken wollte. Im September 2008 pflanzte Brandenburg Ministerpräsident Matthias Platzeck den ersten Birnbaum, einen Clapps Liebling. Innerhalb eines Jahres folgten die meisten anderen Bundesländer der Einladung der Ribbecker. So entschied sich Thüringen für eine »Nordhäuser Winterforelle«, während die Niedersachsen eine »Köstliche von Charneux« nach Ribbeck brachten.

Entlang der neuen Birnbaumallee gelangt man zu einem weiteren hoffnungsvollen Zeichen im Ort. Der gepflegte Familienfriedhof derer von Ribbeck, auf dem neben den Grabstätten der drei 1893 so jung verstorbenen Ribbeck-Kinder auch der Gedenkstein für den letzten Herrn von Ribbeck, Hans Georg Karl Anton, zu finden ist, steht für die

In seinem »Havelland«-Gedicht hat Fontane Ribbeck nicht erwähnt, heute würde er es sicher nicht mehr vergessen.

Ein Projekt mit Zukunft: Erste Früchte trägt der deutsche Birnengarten bereits.

Aussöhnung zwischen dem einst als »Junker« verjagten Eigentümer und der Dorfbevölkerung. Vergessen sind die gegenseitigen Vorbehalte und Streitigkeiten vor Gericht. Heute grüßt man sich und kommt gut miteinander aus.

Manchmal trifft man sich zufällig an den neuen Kunstwerken im Ort und kommt dabei zwangsläufig ins Gespräch. Schließlich stehen beispielsweise vor dem Schloss zwei ungewöhnliche Vasen. Der aus dem havelländischen Künstlerdorf Strodehne stammende Künstler Roland Eckelt hatte sich dabei von einem Fontane-Wort inspirieren lassen: »Wer immer dasselbe sieht, sieht nichts.« Also versah er seine Schmuckstücke mit einem spiegelnden Material und stellte eines davon sogar auf den Kopf. Stutzig machen sollen sie die Besucher und zur Entdeckung des ungewöhnlichen Schlosses einladen.

Nicht weniger amüsant als das ungleiche Vasenpaar sind die Haveldamen des Bildhauers Knuth Seim auf der anderen Schlossseite. Die

Die Vasen vor dem Schloss zwingen geradezu zu einem anderen Blick auf die Welt.

Kraniche sieht man in Ribbeck fast das ganze Jahr.

liegenden Frauenakte symbolisieren den Verlauf der Havel von der Quelle bis zur Mündung, wobei der Betrachter aufmerksam Fontanes Gedicht »Havelland« studieren kann. Dort taucht Ribbeck zwar sonderbarerweise gar nicht auf, doch das ist heute gut zu verschmerzen: Ribbeck geht spannenden und guten Zeiten entgegen.

Trompeter das ganze Jahr

Einheimische und Touristen lassen sich in Ribbeck – zumindest im Frühjahr und Herbst – ganz leicht voneinander unterscheiden. Wenn einmal mehr einer der regelmäßigen Trompetenstöße erschallt, schauen Besucher lange fasziniert gen Himmel, während sich die Dorfbewohner davon kaum aus der Ruhe bringen lassen. Zu gut kennen sie das Spektakel des Ein- und Ausfluges der Kraniche, die sich zu Tausenden auf den Rastflächen zwischen Nauen, Ribbeck und Paulinenaue sammeln, um sich dann in majestätisch wirkenden Formationen in die

Lüfte zu erheben. So fliegen sie dann unüberhörbar über den Schornstein der Brennerei oder die Kirchturmspitze hinweg.

Das Havelluch gehört zu den größten Kranich-Sammelplätzen in Mitteleuropa. Hier machen sie im Frühjahr Rast auf dem Weg aus den Überwinterungsplätzen im Südwesten des Kontinents in den hohen Norden und von Oktober bis Anfang Dezember kehren sie in umgekehrter Richtung zurück. Zwar kann das Gebiet um Ribbeck nicht mit der schier unvorstellbaren Zahl von 80.000 Kranichen an einem einzigen Tag aufwarten, wie es in Linum im Rhinluch der Fall ist. Aber jene Exemplare, die rund um das Birnbaumdorf Futter und Platz für eine Rast suchen, sind keinesfalls leiser und weniger eindrucksvoll.

Seit einiger Zeit verzichten immer mehr Vögel auf den rund 2.000 Kilometer langen Flug und überwintern im Havelland. Manchmal ist dann sogar an kalten Tagen im Januar oder Februar ein Trompetenstoß in Ribbeck zu vernehmen.

»Weise gehen in den Garten«

Der Schriftzug an der Mauer zum Hof der Pfarrscheune ist genial gewählt. Denn wer etwas auf sich hält, folgt der darauf formulierten Einladung schnellen Fußes. »Weise gehen in den Garten«, heißt es dort, und tatsächlich spricht viel dafür, die Schritte in das grüne und fast das ganze Jahr über blühende Refugium zu lenken. Denn Ribbeck besitzt nicht irgendeinen Garten, und auch nicht nur einen. Gleich hinter der zu einer Ferienwohnung umgebauten Pfarrscheune öffnet sich der Blick in drei gärtnerische Anlagen von ganz unterschiedlicher Ausrichtung.

Einst befand sich hier ein ganz normaler Pfarrgarten, in dem der Pfarrer für seine Familie einige Obstbäume pflanzte und Beete anlegte. Im Laufe der Zeit fehlten jedoch Zeit und Kraft für die Pflege der Fläche. Bis Anfang 2001 glich der Garten einer fast undurchdringlichen

Der Blick vom Bauerngarten auf die Alte Brennerei, 2009

Wildnis, deren dürftiger Zustand sich kaum von dem vieler Häuser und anderer Grünflächen im Dorf unterschied. Doch im Zuge einer immer schöner werdenden Kirche und des auflebenden Dorfes nahm sich der damalige Pfarrer Frank-Norbert Möhring auch den Pfarrgarten vor und hatte eine Idee: »Wir geben Umschülern und Langzeitarbeitslosen unter Anleitung eines Gärtnermeisters eine Chance und gestalten einen klassischen Bauerngarten.«

Mit unvergessener Hartnäckigkeit überwand er für sein Vorhaben sogar höchste bürokratische Hürden, ehe Hand an den Garten selbst gelegt werden konnte. Mit viel Engagement haben die zahllosen Helfer schließlich kleine Kunstwerke gezaubert. So können Spaziergänger heute durch einen originalen Bauerngarten bummeln: Auf einer rund 8.500 Quadratmeter großen Fläche durchziehen geschwungene Wege das Arrangement, in dem Beete mit Gemüse, Obststräucher, verschiedene Küchenkräuter, Blumen, ausgedehnte Rasenflächen und selbst ein

Teich, in dem sich Frösche und andere Tiere wohl fühlen, in eine grüne Dorfgeschichte einführen.

Vorbei an Pfarrhaus und -scheune geht es in den Bauerngarten.

Die beiden anderen Anlagen kamen im Vorfeld der Landesgartenschau 2006 im nahen Rathenow hinzu, bei der Ribbeck zu den Außenstandorten gehörte. Kurzentschlossen nahm die evangelische Kirchengemeinde die Chance wahr und ergänzte den vorhandenen Bauerngarten durch einen Bibel- und einen Birnengarten. Dabei fanden mehr als 100 Arbeitslose eine zumindest zeitweilige Beschäftigung.

Für den Bibelgarten wurden zahlreiche ein- und mehrjährige Pflanzen zusammengetragen, die allesamt in der Bibel benannt werden. Der Besucher entdeckt hier – neben der Gelegenheit, die biblisch-botanischen Passagen nachzulesen – unter anderem Kümmel, Flachs, Puffbohne, Oleander, Myrte, Anis, Knoblauch sowie Weizen, Gerste, Hirse und Mohn. Ein künstlicher Hügel, der sich aus einem Kiesbett erhebt,

trägt die karge Vegetation des gelobten Landes: Feldsteine, sandiger Boden und Kies.

Dagegen zeigt der ebenfalls neu angelegte, benachbarte Birnengarten die ganze Vielfalt dieser für Ribbeck so glückbringenden Obstsorte. Zu den 14 verschiedenen, hier versammelten Bäumen zählen die »Conferencebirne« (saftig und würzig), die »Gute Luise von Avranches« (gute Tafelbirne), die »Pastorenbirne« (halbschmelzend saftig, schwach süß) und die »Gellerts Butterbirne« (saftig und aromatisch). In nur wenigen Jahren ist hier auf rund anderthalb Hektar ein vielseitiges Gartenparadies entstanden.

»Alte Schule« lädt zum Speisen und Büffeln

Es kommt bestimmt nicht alle Tage vor, dass sich eine Präsidentengattin beim Lesen einer Speisekarte köstlich amüsiert. In Ribbeck aber hat man den seltenen Moment auf einem Foto festgehalten. Darauf schüt-

telt sich Frau Köhler vor Lachen und hält dabei ein Schulheft in den Händen. Bei der Aufklärung der Szene hilft ein Besuch in der »Alten Schule« an der Straße jenseits der Kirche. Die eine Hälfte des bis 1968 als Schule und anschließend als »Konsum« und Wohnhaus genutzten Gebäudes dient heute als Gaststätte. Deren Angebote sind fein säuberlich, mit kindlicher Schrift und einigen amüsant wirkenden Fehlern in alte Schulhefte notiert. Die wiederum wurden wie bei einem richtigen Diktat korrigiert und mit nicht weniger unterhaltsamen Bemerkungen versehen, über die längst nicht nur das Präsidentenpaar gelacht haben dürfte.

Die »Alte Schule« wird ihrem Namen allerdings nicht nur dank der ausgefallenen Menükarte gerecht. Im Nebenraum der Gaststätte ist sie noch lebendig – die Dorfschule. Hier stehen mehrere Reihen von Schulbänken, an denen schon Generationen von Kindern gelernt, geschrieben und gerechnet haben, sorgfältig zur Schiefertafel ausgerich-

Die Alte Schule bietet eine einmalige Reise in die Vergangenheit.

tet. Einige der Holztische, in denen sich viele Schüler schnitzend oder malend verewigt haben, muten wie ein kleines Geschichtsbuch an, denn im Laufe der Zeit haben sich Begriffe, Abkürzungen und nicht zuletzt die Vornamen-Mode erheblich verändert. Aber auch die übrigen Utensilien in den Vitrinen und auf den Schränken scheinen vergangenen Zeiten entnommen. Die ausgestopften Tiere, Rechenschieber, Malhefte, Lineale, Bücher und Landkarten haben unzähligen Ribbecker Schülern gute Dienste geleistet – gestopft in die Schulranzen, die inzwischen als ansehnliche Sammlung die Wände der »Alten Schule« schmücken.

Wer sich einmal in eine der engen, unbequemen Holzbänke zwängt, kann sich ohne große Schwierigkeiten zurückversetzen in Großmutters Schulzeit. Heute werden die Bänke regelmäßig zusammengeschoben, um Platz für Lesungen, Puppentheater, Märchenspiele, unterhaltsame Benimm-Kurse oder Auftritte von prominenten Künstlern zu schaffen. Der Kinder- und Jugendförderverein als Betreiber der »Alten Schule« unterhält nicht nur die örtliche Touristeninformation, sondern stellt hier das ganze Jahr über ein abwechslungsreiches Programm auf die Beine. Den kürzesten Weg zum Auftrittsort genießt dabei immer Gernot Frischling. Das reimende, tanzende und singende Multitalent wohnt gleich im benachbarten Pfarrhaus.

Neuer Wein in alten Häusern

In dem Gebäude direkt vor der Kirche, das noch immer »Altes Waschhaus« heißt, wurde tatsächlich einmal die Bekleidung der herrschaftlichen Familie gereinigt. Später rückten an die Stelle der hölzernen Bottiche und Wäschemangeln mehrere glänzende Automobile, während sich zu DDR-Zeiten darin die Akten und Rechnungen der örtlichen LPG stapelten. Heute hat sich Marina Wesche hier ihr Reich eingerichtet, in dem sie allerlei dekorative Sachen, Liköre – darunter

Der Bauerngarten in voller Blüte, 2009.

Gewaschen wird
im Alten Waschhaus
schon lange nicht
mehr.

das 42-prozentige »Bügelwasser« –, Bücher, Antiquitäten und die größten Torten von Ribbeck feilbietet. Dabei greift die Bäckerin gern zu Chilli, Kürbiskernöl, Eierlikör oder Seelachs und natürlich Birnen in ganz unterschiedlichster Gestalt.

Neben der Birne findet sich noch ein weiteres Naturprodukt recht häufig in den Regalen: Hanf. Der steckt in Kosmetika ebenso wie in Gewürzen und süßen Leckereien, wobei Rauchmittel selbstverständlich draußen bleiben. Einst stand der Hanf auf vielen Feldern rund um Ribbeck und im ganzen Havelland. Im nicht weit entfernten Bergerdamm existierte sogar noch bis 1972 eine Hanffabrik, in der Sofapolster, Rohre und Seile aus dem stabilen Rohstoff hergestellt wurden.

Aber auch anderswo im Ort will man den immer willkommener empfangenen Besuchern etwas bieten: Gleich am Ortseingang lädt neuerdings das Café Theodor seine Gäste in das Haus oder seinen Garten und der unweit des Dorfzentrums gelegene Kinderbauernhof

»Marienhof« mit Programmen für Schulklassen und Tagesbesucher ist längst über die Region hinaus bekannt.

Zwischen Bibel- und Birnengarten liegt das Boot für die Ribbecker Sommernacht.

Oper, Jazz und Chansons unter dem Sternenhimmel

Beim Bummel durch den Pfarrgarten bleibt so mancher Besucher mit fragendem Blick vor einem besonderen Utensil stehen: einem offensichtlich uralten und fest im Sand sitzenden Ruderboot. Doch das Rätsel löst sich auf Nachfrage bei einem sachkundigen Einheimischen rasch auf: Es handelt sich um ein Requisit für die Ribbecker Sommernacht. Bei diesem Ereignis voller Kultur und Unterhaltung steigt hier etwa ein Poet ins Boot, um »rudernd« humorvolle Gedichte und Balladen zu rezitieren. Derweil lauscht ihm das Publikum, auf Decken, Hockern oder Bänken unterm Sternenhimmel sitzend, und vom benachbarten Garten fliegen Seifenblasen in einer phantastischen Farbenpracht herüber.

Kleinkunst im besten Sinne des Wortes bietet die Veranstaltung, die mitunter sogar an zwei Abenden im August stattfindet, auch an vielen anderen Orten im Dorf. Da verwandelt sich die große Scheune in eine Bühne für eine Chansonnette, die auch einem gewöhnlichen Abflussrohr und Plastikflaschen ungewöhnliche Töne entlocken kann. Vor der Brennerei ziehen Opernsänger die Zuschauer mit einem eigens auf die Sommernacht abgestimmten Stück in ihren Bann, während auf der Auffahrt vor dem Schloss leichte Seidenballons von tanzenden Feen in Szene gesetzt werden. Natürlich krönt ein Feuerwerk diesen Abend, der längst zu den schönsten dieser Art in ganz Brandenburg gehört.

»Gewiß«, schrieb 1932 der Ribbecker Pfarrer Karl Boelcke, »Ribbeck und sein Birnbaum verdanken ihren Ruhm – wenn man so sagen darf – Theodor Fontane, aber ohne den Birnbaum und die alte Sage hätte doch der märkische Wanderdichter nicht seinen schönen Sang gefunden.« Wie der märkische Landpfarrer halten es auch die Ribbecker von heute – sie reichen der Geschichte ihres Ortes die Hand und laden jeden, der das Havelland besucht, dazu ein, es ihnen gleichzutun.

Anhang

Schloss Ribbeck
Theodor-Fontane-Straße 10, 14641 Ribbeck
Zentrale: Tel.: 033237 8590-0
Restaurant: Tel.: 033237 8590-15
Mail: schloss@ribbeck-havelland.de
Internet: www.ribbeck-havelland.de
Öffnungszeiten: Museum 10–17 Uhr, Restaurant 12–21 Uhr
(Montag Ruhetag; Januar/Februar geschlossen)

Alte Brennerei
Am Birnbaum 25, 14641 Ribbeck
Tel.: 033237 88901
Mail: mail@vonribbeck.de
Internet: www.vonribbeck.de

Heimatverein Ribbeck e.V.
Zur Meierei 55, 14641 Ribbeck
Tel.: 0172 3865498
Mail: hvribbeck@web.de

Café Theodor – für große & kleine Leute
Alte Hamburger 9, 14641 Ribbeck
Tel.: 033237 85959

Ev. Kirchengemeinde Ribbeck
Am Birnbaum 2, 14641 Ribbeck
Tel.: 033237 88504
Mail: kirche@kircheribbeck.de
Internet: www.kircheribbeck.de

Kinderbauernhof Marienhof
Am Marienhof 1, 14641 Ribbeck
Tel.: 033237 88891
Fax.: 033237 88893
Mail: ribbeck-marienhof@t-online.de
Internet: www.marienhof-ribbeck.de

Alte Schule Ribbeck
Am Birnbaum 3, 14641 Ribbeck
Tel.: 033237 85458
Fax: 033237 85839
Mail: foerderverein-vif@t-online.de
Internet: www.alteschule-ribbeck.de

Das Fontane-Jahrbuch, Museumspädagogischer Dienst Berlin und Theodor-Fontane-Archiv 1998.

Die Kunstdenkmäler der Provinz Brandenburg, hrsg. v. Brandenburgischen Provinzialverband, Band II.1, Kreis Westhavelland, Berlin 1913.

Evangelische Kirchengemeinde Ribbeck: Familie v. Ribbeck und der Birnbaum, Ribbeck 2008.

Finker, Kurt: Eine adlige Familie in Umbruchzeiten. Das Schicksal der Familie von Ribbeck im Havelland (1933–1947), in: Kurt Adamy, Kristina Hübener: Adel und Staatsverwaltung in Brandenburg im 19. und 20. Jahrhundert. Ein historischer Vergleich, Berlin 1996, S. 219–237.

Gnewuch, Gerd; Lancelle, Hasso: Geschichte des Geschlechts von Ribbeck, Bonn 1984.

Gnewuch, Gerd: Glanz und Niedergang eines märkischen Adelsgeschlechts. Die osthavelländische Linie der Familie von Ribbeck (1523–1811), in: Jahrbuch für Brandenburgische Landesgeschichte 21/1970, S. 46–87.

Herrenhäuser in Brandenburg und der Niederlausitz: kommentierte Neuausgabe des Ansichtenwerks von Alexander Duncker (1857–1883), hrsg. v. Peter-Michael Hahn, Hellmut Lorenz.

Historisches Ortslexikon für Brandenburg, Teil III, Havelland, bearb. v. Liselott Enders, Weimar 1972.

Lentz Georg: Märkische Spaziergänge, von Rheinsberg bis Ribbeck, Berlin 1996.

Märkische Allgemeine Zeitung, 2009.

Museum im Schloss Ribbeck, Ribbeck 2009.

Ruprecht, Ditha/Kohagen, Peter/Burghard, Monika: Ortsbesichtigungen, Berlin 1991.

Schwarz, F.: Die Familie von Ribbeck, in: Havelländischer Heimatkalender, 14/1926, S. 95–100.

Zeller, Daniel: Schloss Ribbeck, Veröffentlichung für den »Freundeskreis Schlösser und Gärten der Mark« in der Deutschen Gesellschaft e.V., Berlin 2000.

Der Autor

Claus-Dieter Steyer, geboren 1956 in Freiberg/Sachsen, arbeitete nach dem Studium des Journalismus für verschiedene Zeitungen und Agenturen. Seit 1990 ist er Redakteur beim »Tagesspiegel«. Seine Liebe gehört dem Land Brandenburg, das er von seinem Wohnort in Berlin-Pankow aus nahezu täglich erkundet.

Abbildungsnachweis

Brandenburgisches Landeshauptarchiv 18, 23, 24, 27, 38, 40
Fontane-Archiv Potsdam 36
Uwe Friedrich U1, 2, 33, 47, 53, 65, 69, 73, 74
Marita Friedrich 53, 79
Pfarrarchiv Retzow 51
Hannelore Radke 60
Claus-Dieter Steyer 29, 42, 48, 62
Friedrich-Carl von Ribbeck 16, 20, 25, 34, 55
Verlagsarchiv 10, 13, 15, 22, 37, 39, 41, 50
Matthias Zimmermann 6, 9, 31, 32, 43, 44, 45, 52, 54, 57, 58, 61, 64, 66, 70, 71